AF226008

Ascolta il tuo cuore, esso conosce tutte le cose

(Coelho)

ELENA GIORGINI

Poesia di Fili d’Oro

Collana di poesia Lyra n° 4
Direzione editoriale a cura di Grazia Velvet Capone
Valutazione e Redazione: Capone - Aprile - Citterio -Salidu
Progetto Grafico: Grazia Velvet Capone

Al mio caro marito che mi ha sempre dato il suo sostegno

Lyra

Abbracciare

Abbracciare
la vita, il mondo, l'universo,
e ritrovarsi
ad avere tutto, in mano,
in un secondo.
Il bene infinito, non muore.
Donato, a piene mani,
rimane.
Abbracciare
l'amore, l'amico, uno straniero,
incontrato per caso.
Abbracciare
questi nostri giorni
consacrati all'esserci,
per sperare
in un domani migliore.
Abbracciare con amore,
le ore preziose
che scorrono
davanti al nostro viso.
È in questo nostro
abbraccio
che ci riveliamo,
e l'anima sale,
arrivando
più in alto del sole.

Amico

Nella nebbia della vita...
negli anni
lasciati indietro.
Il tuo sguardo
ricompare vivo,
impresso
nella mia memoria.
Ti ho perso amico?
Non so niente di te.
Le nostre strade si sono divise.
Cosa mi è rimasto?
Nostalgia
del tuo ridere,
del dare...
Una tua parola benevola,
un cenno d'intesa,
un abbraccio leale.
Il tuo bene sincero.
Ora sono qui
ma non smetterò
di esserti amica.
Viaggiando,
in luoghi italiani e stranieri,
incontrerò altra gente
ma ti porterò

con me nel cuore,
sempre!

Anima scomparsa

Nel remoto di un pensiero,
entro lentamente,
in un nuovo spazio,
ritrovando il tuo viso,
mai scordato nel tempo.
Ti sento ancora qui,
a parlarmi serena,
a sorridere,
insieme ai miei giorni.
E la vita va avanti
come sempre,
si riprende ciò che regala.
La tua perdita,
è un frammento,
che viaggia nel vento,
riportandomi, i tuoi occhi
che mi amavano tanto.
Seppure non c'è più
l'involucro del tuo corpo,
tu sei accanto a me,
ogni giorno.
La tua anima non muore,
perché l'eternità
del nostro esserci,
non avrà fine.
Il bene, continuerà

a vivere forte e dolce
nel mio cuore.

Bimbo in affido

Sono diventata amore
da quando i miei occhi,
posandoti su di te.
ti hanno veduto,
vestendomi l'anima
di poesie leggere.
In queste ore
ti stringo forte
e sento il tuo calore.
Sorriso di bimbo,
hai trasformato
le mie uguali giornate,
in pura gioia,
e l'anima ora, vola.
Non ti ho generato,
eppure, in questo istante,
ti sento mio.
Quel bimbo
che non ho mai avuto.
Ti cullerò per poco
e ti amerò,
come non ho mai fatto.
Mi spoglierò
di ogni egoismo
e ti terrò al mio fianco
per il tempo necessario.

Poi mi lascerai …
Ed io ti conserverò
nel mio cuore
prezioso, mio regalo.

Bimbo interiore

Esci,
fuori da me,
piccolo bimbo,
tu che resti, in silenzio,
dentro ogni mio giorno...
Mi nutro
del tuo giovane entusiasmo,
quando ti faccio uscire
per non invecchiare,
e continuare
con più leggerezza
la mia vita.
Esci da me,
vai a giocare nel parco,
a correre tra i fiori,
a spargere nuovi colori.
L'umanità ha bisogno di te,
piccolo bimbo
per sorridere sempre
e distrarsi con niente.
Ritrovare la felicità del cuore,
quella che nascondiamo,
alla gente.
L' essenza
che non muore ...

Casa del dolce tempo

Sei lì,
ancora intatta ed unica.
Casa
del dolce tempo,
in cui bimba,
giocavo tra le tue pareti,
intessute di gioia.
Fiabe notturne
la nonna narrava,
con i suoi lunghi capelli di ragnatela
mi avvolgeva...
Fate e gnomi in quel bosco
intorno alla casa,
popolavano
i miei pensieri.
Mi affacciavo e respiravo
aria e odore d'erba
e di parole mai dette,
bisbigliate
dalle mille valli immense.
Non sono più tornata da te
per ritrovare ancora,
quel sapore
di momenti e stagioni
mai scordati.
Oh, casa del dolce tempo,

dove sognavo ad occhi aperti
distese di libertà.
Quel dolce tempo è passato
ma è ancora qui,
in fondo a me.

Chi sei?

Che hai stretto forte
le mie mani in una notte
buia e silenziosa
per non lasciarle mai.
Chi sei?
che proteggi i miei sonni.
Non ti conosco ancora
ma so che esisti.
Dolce risveglio,
nel quale un sospiro
mi alita accanto,
sottile come fumo,
eternamente familiare.
Profumo di fiori
impregna l'aria
ed io ne sono inondata...
Oh,
quale messaggio
d'amore speciale
mi sai dare!
Sorrisi condivisi,
ineluttabili vite sommerse
da giorni,
dove ho incontrato stagioni,
padroni
che mi volevano piegare...

Piangevo, soffrivo
e non sapevo che tu eri
con me...
Vegli
la mia esistenza,
con la delicatezza
di una piuma bianca,
quella che ogni volta
trovo in luoghi
dove tu passi.

Creatura divina

Quando la risacca,
canterà la canzone
dei miei giorni lieti,
non perderò il tempo,
a trastullarmi di ricordi vani.
Bagnerò i piedi nel bagnasciuga
e berrò l'acqua,
alla fonte della conoscenza
che colmerà la mia sete.
L'ombra del giorno,
inseguendo
i miei curiosi occhi,
mi riempirà
di messaggi segreti.
Con la mente
sgombra di pensieri,
saluterò il sole,
abbracciando il suo tepore.
Io, donna,
creatura divina.

Cuore d'ombra

Vivi ai margini
di un'anonima città stanca
di soprusi e violenza,
di illustri personaggi vuoti.
Tu vai, a capo chino,
dimesso e stranito,
a malapena sopravvivi…
Tradito dai tuoi stessi sogni,
trascini un'esistenza vana.
Vaghi per le vie
ma il cuore è ben nascosto,
agli occhi della gente
che vede solo,
un uomo grigio e triste.
Mieti pietà,
mista a tenerezza.
Sogni mondi immaginari,
in quel ghetto malsano
della tua strada.
Cuore d'ombra,
porti con te,
un bagaglio di vecchie emozioni.
Ami, in sordina,
ogni piccola, insignificante cosa
che per altri,
non rappresenta nulla.

La gente
che ne sa della tua vita passata?
Il tuo cuore
è grande come un grattacielo.
Poco importa
se nessuno,
conosce il tuo profondo.
Sei stato un grande uomo…
Un tempo…
Hai amato davvero.
Un giorno lontano
quel tuo cuore d'ombra,
era illuminato
da un'immensa luce sfolgorante
che riempiva le tue giornate
e scaldava meglio
della tua logora coperta.
Un tempo…
Ora tu, cuore d'ombra,
mangi poco,
ti nutri
soltanto di briciole di rimpianti!

Destinata a te

Nel respiro del giorno
si erge
come una bandiera,
stasera, la mia luce.
Destinata a te
da immemore tempo,
nel cielo
che ha scelto,
questo nostro incontro.
Al fiorire
di questo amore,
in questo istante
che si colora di sorrisi.
Negli inseguiti
paradisi, riscoperti,
insieme.
Nel silenzio soave
resta immutato,
il mio calore,
il palpito per te
va dove
c'è soltanto amore.

Donne afgane

Donne afgane,
negli occhi e nel viso.
la voglia di sottrarsi,
a leggi assurde, emanate
che altri hanno deciso.
Adesso,
gridate a gran voce
il vostro sdegno,
stanche di soprusi.
per una condizione femminile
disumana e intollerabile.
Il dolore
vi ha reso forti,
capaci di sconfiggere
paure e timori.
Impavido il coraggio,
l'orgoglio, e l'ansia
di riuscire
ad uscirne, a cambiare,
e vivere
senza più sottomissione.
La guerra
è stata feroce
ma non ha ucciso,
la voglia di lottare
per ottenere

quei diritti che ogni donna,
nella vita
dovrebbe avere.
Così, camminate vicine, unite
da queste azioni condivise.
Lasciando gli uomini,
meravigliati,
sconcertati, straniti,
abituati da sempre
a comandare!

Divagazioni

Le foglie bagnate di rugiada …
Quella strada … Ricordi.
Le giunchiglie profumate,
le conchiglie raccolte,
in riva al mare.
Prendeva forma
una strana storia,
e una vittoria,
tagliava netto, il traguardo.
Ho sete
e tu
non mi vuoi porgere da bere.
Vorrei scolarmi una bottiglia
di conoscenze,
e senza reticenze,
avvicinarmi, a luoghi sacri,
all'ignoto.
Parlare
dieci lingue diverse
e non sentirmi
straniera in patria.
Tornare,
dopo un lungo viaggio
interno,
finalmente a casa,
tra le mie scartoffie

e le note deliziose
udite nella notte.
Fare a botte con la paura
e la malinconia.
Cibarmi di nozioni ed entusiasmo,
sorridere alle stelle.
Continuare a crescere,
nella gioia di aver capito
di sapere.

Eternità

Il mio respiro
si estende chiaro e sereno.
Il mio vivere
è qui tra le mie mani…
Eternità di giorni
che continueranno
chissà dove.
Polviscoli di piena vita.
Nell'eternità
di un mio gesto,
sopravviverà questa essenza.
Bambina è la speranza
che nel tempo,
resista, una mia traccia,
non si perda
con la mia assenza …
Eternità di pensieri
senza vincoli,
abbracci virtuali e fisici.
Fluttua leggera
la mia anima,
si perde dolcemente nell'ignoto,
di quel che sarà.

Giustizia

Ho una bocca per baciare le tue ferite
Impietose...
Non hai più voce,
l'hai perduta
dentro eguali rimbombi
in cui si sono perse
le tue URLA di uomo,
indomito, forte, ribelle!
Le tue sconfitte
sono come gocce,
a stento trattenute
dalla rabbia.
Ho due occhi per osservare
con tristezza le tue angosce,
dipinte sul tuo viso
come nero inchiostro
che ti dilaniano l'anima.
Ignobili torture
di chi ti attacca.
Padrone chi ha il potere
e la gente lo riverisce,
al suo passaggio,
non capisce
che per vivere degnamente,
basterebbe un filo di coraggio.
Dove andranno a finire

quei sinceri proponimenti,
il tuo duro lavoro
buttato in pasto ai pesci!
Senza fiato e senza gloria,
arriverai al limite
della tua antica sopportazione,
ma l'umiliazione,
brucerà più potente
di un incendio
dentro il tuo cuore,
ormai ridotto in poltiglia
che domanda
soltanto giustizia!

Il Respiro della vita

Mi colpirono i bagliori,
quei colori, intriganti,
dello sfolgorio
di un prezioso tempo,
vissuto
in un solo momento.
Lasciai andare
i dubbi,
le remote dicerie della gente.
Mi tuffai
nello splendore di un gesto,
un enigma, un sogno.
Trascinata
dall'ignoto, mi fidai.
Sorvolai
pianure mai viste,
radure impreviste,
ammantate di bellezza.
Come un'onda benefica,
mi lasciai avvolgere,
da una sua carezza...
Quella sottile, dolcezza infinita
del respiro della vita...

In tutte le vite

Sono stata guerriera,
ninfa,
dolce fanciulla,
dea… strega...
Nella sera… Chissà...
In tutte le mie vite,
ho risalito chine,
spazzato ipocrisie,
lottato, odiato.
Sono stata ferita,
amata, illusa, disillusa...
Carnefice o vittima,
uomo o donna che sia.
In realtà sono sempre io
che scelgo questa nuova vita,
per poter imparare,
portare a termine
un qualcosa che è rimasto,
insoluto.
Sempre bellissimo
è il mio incarnarmi in un altro corpo
per poter rivivere ancora,
esperienze che mi forgiano,
che mi elevano,
in luoghi dove ho già camminato
con altre vesti, altre genti.

Dentro me
resiste questa voglia di amare,
amando le persone, intorno a me.
In tutte le vite ho donato,
ho preso, tolto, riso,
e pianto.
Ho ucciso con le parole e i fatti.
Sono stata, a mia volta, uccisa.
In tutte le mie vite,
luce ed ombra
hanno vestito i miei giorni
ma ora è tempo di ricominciare,
in un'altra vita
per poter negoziare,
ciò che ho vissuto, in un tempo che fu …
Ancora mille vite
per poter rinascere migliore!

In una sera

Camminavamo vicini,
sfiorando l'impossibile...
Nell'avventurarci
tra zone di luci ed ombre
senza perderci,
trovammo
la nostra dimensione più vera,
in una sera,
regalata
all'ignoto dei giorni...

Io donna

Rannicchiata
nel silenzio dell'anima,
ascolto il mio battito,
persa nell'oscurità
dell'intensa notte.
Io, donna,
saluto il giorno che è stato,
e ringrazio il creato
per essere viva.
Combatto, in silenzio,
le mie battaglie quotidiane,
non mollo!
Io donna,
continuo ad amare,
mischiando, ogni giorno
realtà con sogno.
Lavoro instancabile.
Con gioia,
ricamo progetti infiniti.
Mi trasformo,
a tratti,
in leonessa o gazzella.
non perdo la pazienza.
Sono tenace.
Io donna,
madre, amante, amica,

divento audace,
non spreco la mia vita...

Libera

E ballerai a piedi scalzi
nell'infinito prato della tua coscienza,
espansa.
Ti ubriacherai di sorrisi infiniti,
regalandoli alla luna, tua compagna di sogni.
Conquistata,
soggiogata dallo spirito libero
che ti prenderà per mano
per portarti chissà dove e via da qui,
da tutte le ipocrisie del mondo!

La bellezza non ha età

Mi guarda,
ne intravedo la pura essenza,
il viso
dai lineamenti delicati
si dipinge da sé
come un bel quadro,
rimasto appena scalfito
ma immutato.
con qualche ruga disegnata.
La guardo,
capelli di un bianco luminoso,
setosi al tatto.
Sguardo dolce e penetrante
che emana calore,
gioia e sentimento.
La bellezza non ha età,
non ha tempo,
rimane custodita
nel volto
di chi è bella dentro.
La bellezza non ha età.
Una vita
dedicata agli altri,
nel piacere di costruire,
imparando,
reinventandosi, ogni giorno,

nel ricordo
di quegli anni passati
e mai rinnegati.
Vivendo ogni attimo,
col proposito
di continuare a dare,
sapendo di valere.

La voce degli Angeli

L'ho udita, un giorno,
la voce degli Angeli...
Sussurravano, al mio orecchio,
parole di conforto,
di amore.
Pronunciavano,
chiaro, il mio nome
e mi esortavano
a farmi alzare,
per stare bene.
L'armonia, la soavità
di quella voce,
mi accompagna
in ogni dove...
A quel dolce suono celestiale,
ora,
non posso più rinunciare.
Senza loro, non ho niente,
anche tra la gente...
Il loro aiuto è importante,
il loro affetto, avvolgente.
Ho udito, quella voce,
in un giorno lontano,
poi, son trascorsi mesi,
anni…
La loro presenza,

ormai,
è parte del mio mondo.

L'incanto del cosmo

A piedi scalzi,
chiedo alla luna
dolci ragguagli,
e nella magica notte
suadente,
imbratto il cielo
già carico di infinite stelle
con le mie liriche
dedicate al creato.
Oh,
Cosmo incantato,
quanta bellezza mi circonda
intorno!
L'ammiro e mi perdo,
in piccolissimi
anfratti di poesie
dove va
a rifugiarsi
la mia anima gioiosa.

Madre

Quel bagliore,
intravisto tra i tuoi capelli,
in un giorno di sole.
Il tuo allegro sorriso,
nei tuoi malinconici occhi,
è un ricordo che pare reale.

Hai riempito il mio mondo,
in ogni istante,
creando colori,
insegnandomi valori.

Madre mia,
ti devo la vita
e quell'amore
che mi hai donato
l'ho conservato, in me
come una perla rara.

Sei andata via senza soffrire,
bambina mia
e ti ho cullata,
a lungo,
nella tua strana malattia.

In questo tempo,

il tuo pensiero
mi abbraccia, dolce,
facendomi compagnia.

Hai saputo regalarmi
tenerezza pura
che non si perderà mai,
in questa vita mia!

Mai vinti

Rinascere
con un'altra vita
che non è più,
non ci appartiene.
Domandarsi se esiste
ancora un domani…
Rinascere dalle ceneri,
col cuore a pezzi
e gli occhi velati
di orrore e lacrime.
Non sapere
se rivedremo i nostri cari.
Non vedere
che guerra e miserie, intorno
e morte, ovunque!
Lasciare la nostra casa
che ormai non esiste,
Continuare a vivere,
in altri luoghi
con la speranza di tornare,
in quella nostra amata terra,
lasciata per obbligo,
e mai dimenticata...
Fierezza, dignità,
e tristezza,
adesso, veste

le nostre giornate.,
Nei nostri cuori,
sepolta è una preghiera
che mai ci lascia
e s'apre,
sulle nostre labbra
una ferita mai sanata.
Soltanto qualcuno da lassù,
conosce la nostra rabbia
e il dolore che ci ingabbia.
Siamo un popolo esausto, perseguitato,
oppresso
ma forte dentro e mai sconfitto!

Mare

Osservo
l'onda
che lambisce la riva.
Mare turchese e immenso.
Il mio sguardo
si perde
nel tuo infinito orizzonte.
In me
si placa ogni pensiero.
Mi doni gioia pura,
e un momento
infinito di pace!

Maria (a mia nonna)

E la notte chiara,
si posò
sulle tue gote di pesca,
un'ombra le adombrava...
Mattino ignoto,
sul tuo destino, avverso.
Ma nei tuoi occhi
di cerbiatta,
l'Africa
rimase dentro.

Navigare

Navighiamo
nella polvere e nel mare
che ci accoglie o ci ricopre,
con le onde della vita...
Navighiamo
In lungo e in largo,
frementi, paurosi,
impazienti.
Non capiamo se la rotta è giusta,
proseguiamo nella nebbia
di problematici dilemmi,
sotto i cieli chiari,
irti di stelle, o
carichi di pioggia…
È una lotta alla sopravvivenza,
ci buttiamo nella mischia
per soffocare la nostra rabbia.
Siamo cuori erranti,
marinai nostalgici
di un paese che ci ama
e a volte ci delude.
Navighiamo in questo mondo
e ci sentiamo liberi,
quando il vento
accarezza le vele del nostro cuore
e lava via il tormento.

Arriviamo, in un momento,
sulle rive della speranza
e lì ci fermiamo,
aprendo la nostra dorata prigione,
lasciandoci andare
alla gioia, all'amore.

Nel qui e ora

Il giorno
accarezza i pensieri,
li sublima e li eleva.
Nella testa,
fuggono via veloci.
Il niente
scende nel cuore,
senza tempo, né ore.
Vivo un momento,
unico e speciale
perché la mente
si è allontanata,
la mia realtà si è trasformata,
lasciando soltanto spazio,
alla serenità e libertà,
Nel qui e ora,
non c'è più posto
per il passato né per domani,
si sciolgono tensioni.
Ora sono veramente,
con me stessa,
la sola,
a condurre
la mia carrozza.
E senza mani,
disegno colori senza fine…

La mia anima,
leggera,
non ha più un confine.

Nella musica

Nella musica
Si espande
Il mio bisogno di volare,
di estendermi
lasciandomi andare ad un sogno
Vibrare
in una nota struggente, magica.
Paga
delle mie memorie,
svuotarmi la mente
da false credenze, illusorie.
Sedurre l'armonia
lasciando che tutto accada,
senza protestare
né recriminare...
Nella musica,
il mio divenire.
Quel farmi catturare
da momenti senza tempo…

Non c'ero

Se mi hai cercato…
Non c'ero.
Ero dentro un sogno
che sfiorava
i miei capelli di miele
e baciava la mia bocca
di corallo.
Se mi hai cercato,
non c'ero.
Ero dentro
due occhi di luna,
nell'incanto di una poesia,
nel riverbero del sole...
Tra le nuvole,
gli oceani e le stelle.
Non c'ero…
Avevo voglia
di volare un attimo,
come un gabbiano
e distanziarmi
dal male, dal lamento
e il gemito del vento.
Sono andata
a trovare la gioia!

Non sarai mai vecchio...

Non sarai mai vecchio, uomo,
tu che scali montagne
di ostacoli
Ti rimetti in gioco.
Hai ancora da regalare,
agli altri, a te stesso.
Ti emoziona un paesaggio,
gli occhi
di un piccolo bimbo...
Ti riempi di entusiasmo
per una nuova avventura
che ti aspetta.
Alleni la tua mente
e vai avanti
con coraggio e forza.
Senza fretta,
ti lasci sedurre dal giorno
che scorre.
Non è tua,
la natura di arrenderti,
né rinunciare,
al piacere di un buon vino,
o ammirare il mare.
Le rughe o gli acciacchi,
non fermano
le tue gambe, né il tuo cuore...

Vai avanti
con la pioggia e il sole.
Ogni tanto,
ti fermi a sognare.
Non sarai mai vecchio
perché dentro te,
dorme un sentimento
forte e antico.
Quel fanciullo
che ogni tanto svegli,
ti regala
un senso e un sorriso.
Così vivi.

Oltre la finestra

Chiusa in me,
nella mia dimora di sempre,
guardo oltre
la mia finestra,
osservando,
un mondo che si è fermato.
Niente vociare, né lotte,
né pericoli, né inquinamento,
solo un assordante, strano silenzio.
Libero il pensiero
e l'anima vola chissà dove …
Ascolto il mio respiro regolare.
Qui,
nel mio piccolo mondo,
esiste, uno spazio
da riempire diversamente.
Un grande pericolo
ci ha fatto fermare!
Qui
bisogna decidere
per un giorno diverso,
per un cambiamento
di pelle e di cuore,
riscoprendo un nuovo valore.
Voglio aprirmi al nuovo
e poter ricominciare!

Padre

Padre,
avrei voglia di dirti ti amo.
Oramai
è troppo tardi per farlo.
Ritorno ad un ricordo lontano…
Tu
non sei con me da anni.
Padre,
un enigma vivente
dove io cercavo di capire.
Ti ho compreso
solo adesso,
che sono adulta.
La mente va indietro
e sento il mio cuore
che batte
di quell'amore,
grande per te.
Padre,
i tuoi capelli brizzolati,
quegli occhi così azzurri
e la tua calma interiore

che io stupidamente,
scambiavo per debolezza,
invece
era la tua forza!
Starei qui,
a parlare di te per ore...
Del tuo fare, del tuo dare
e poco dire…
Nel non giudicare,
inutili parole.
Padre libero,
mi hai insegnato la lezione.
Oggi
mi ritrovo a ringraziarti,
padre mio,
senza timore.

Per Pippa

Donna nell'anima,
nel cuore …
Io cammino nell'amore,
instancabile, indomita,
a lottare
contro eguali ed egoisti eventi.
Ho preso per mano il mio dolore
senza scacciarlo
e poi l'ho lasciato andare lentamente,
insieme al mio pianto.
Sorridevo con fiducia al mondo …
Finché …
Destino,
perché hai ucciso
le mie speranze? Perché?
Credimi,
l'uomo non accetta, ancora
la mia forza,
è accecato dal potere
e dal continuo prevaricare
ma dentro non fa
che vivere nel male.
Continuerò ad esistere,
in fondo alla coscienza

di ognuno di VOI.
Troverò
Quell'infinita pace, lassù,
la stessa che ho donato invano
e che, nessuno,
ha saputo accogliere
tra le proprie braccia.

Preghiera

A mani giunte,
prego,
in silenzio, assorto,
incanalato
nel mio dolce dolore.
Non c'è spazio
per altri pensieri.
Mi sembra di trovarmi
su un eremo solitario.
Io
con le mie preghiere.
Io e l'Alto che vede,
e sono certa,
mi ascolti e mi consoli.
La mia fede non muore,
s'innalza veloce,
Abbattendo le paure,
non mi abbandona.
È una presente voce
che esorta
a non mollare,
a credere e sperare.
In quell' assoluta calma,
imploro,
piango, sorrido,
certa che la mia preghiera

troverà una risposta,
e dentro me,
arriva la pace.

Quel che cercavo

Nella mia profondità,
mi sono immersa
nel silenzio più assoluto.
Ho visto un'altra me
che mi osservava
senza giudizio alcuno.
Sono volata in alto.
sempre più su,
fino a raggiungere
vette altissime,
rischiando di farmi male,
cercando qualcosa, invano,
Scendendo in picchiata,
come un gabbiano smarrito,
ferito,
che cerca un rifugio.
Non sapevo
che quel che cercavo,
già l'avevo in me.

Riconoscersi

Il lago, canta
il suo magico silenzio …
Ti vidi e ti riconobbi.
Percepii
Dove ti ho già incontrata?
Forse
in un'altra esistenza.
Ora sorrido
perché i tuoi occhi,
hanno allontanato
le mie pene.
Quanto bene, sento per te.
Ritrovarsi in quel luogo lontano
dal mio quotidiano.
Vorrei prendere la tua mano
e non lasciarla
per lungo tempo.
Il lago
abbraccia con dolcezza,
questo nostro momento.
Non lasciamoci …
Esulto
nel tuo ricordo presente
che naviga dentro.
Il lago, testimone
di questo nostro riconoscersi,

continua a scorrere,
e le mie lacrime
a cadere,
sono lacrime di gioia!

Sardegna

Sei qui,
selvaggia e decisa,
nel tempo che passa
e protegge
la tua gente e i valori
che abitano
questo splendore.
Sardegna
per vivere e riscoprire,
il sapore del mare
di questi giorni,
intrisi di sole,
nell'immensità
delle tue verdi distese.
Sembri isolata,
ma sei un'isola materna, cara,
che affonda
le sue radici da millenni.
La natura, rigogliosa,
accarezza le case,
ricamando
con una cornice radiosa,
i tuoi paesi sparsi...
Sardegna,
dove il cuore
pulsa forte e sincero

e parla a gran voce
con una sola parola: amore,
avvolgendo,
come una brezza di maestrale
ogni cosa e persona
e continui a parlare,
un'antica lingua,
attraverso
la tua anima nuda,
sempre viva,
con la tua pacata saggezza,
che riposa
nei tuoi meravigliosi, occhi
blu mare.

Sentire

Sentire
una voce delicata e lontana,
incredibilmente
vicina al mio cuore.
Sentire
come un soffio,
vedere una luce
nel niente.
Provare un fremito lieve,
un soffio, un respiro.
Partire
per un lungo viaggio
da cominciare,
senza sapere
dove mi potrà portare.
All'interno
di me,
vive un mondo sconosciuto
da esplorare.
Ho voglia di entrare,
inoltrarmi
e vedermi morire
per poi rinascere.
Sentire
una presenza accanto,
non riuscire a capire

se sono desta,
è suggestione o fantasia
a parlarmi per la via?
Sentire
mille brividi infiniti
nel corpo
e non voler lasciare
che questo istante,
vada a scemare,
C'è un angelo speciale
che mi sta vicino con amore,
mi guida, mi ama.
E questo
mio sentire,
riempie la mia vita di calore.

Signora del tuo tempo

Signora
del tuo tempo vai,
vivendo
l'avventura della vita,
malgrado la tua età.
Che importa,
tu, hai voglia di osare,
di credere, ancora
all' entusiasmo
di un paio di gambe
che ti portano lontano
per viaggiare ogni giorno,
e ritrovarti felice
con poco.
Non conosci l'ozio...
Prendi dai tuoi giorni il bello.
Respiri grandi spazi.
Il resto, lo lasci,
agli incapaci
di non avere il coraggio
d sognare, assaporare
ogni minuscolo istante.
È prezioso il tuo tempo
che amministri con gioia.
Non conosci la noia,
signora del tuo tempo.

Stupro

Stupendi
occhi sereni,
cantavano alla vita.
Insolenti, incoscienti,
volevano donare,
ridere amare…
Quegli stessi occhi,
sono stati
inghiottiti dalla ferocia
di un estraneo
che una volta,
si chiamava uomo,
in un giorno, improvviso,
consumato
nella violenza più bestiale.
Ora,
quel giovane
cuore spezzato,
è senza voce,
non riesce più
a provare né perdono né amore.
Vaga
come un fantasma
senza pace,
all'interno del proprio terrore.
Chi le restituirà

i suoi acerbi sogni?
L'allegria
e l'entusiasmo
dei suoi anni belli?
Così
si può morire dentro,
anche vivendo.

Terra mia

Sei l'ombra
della mia ombra,
dove poggiano
i miei piedi
segnati di fatica,
dove toccano le mie dita
l'erba più viva.
E respiro
la tua immensità.
Terra di vento e fuoco,
ti perdo, ti ritrovo.
Vado davanti
al tuo cielo sereno.
Mi vesto del tuo mare,
spalanco le braccia
al tuo arcobaleno.
Vado via
con speranze in valigia
ed illusioni.
Ti ripenso,
quando mi allontano
e mi sento nostalgica
senza il tuo calore.
Terra mia, per metà.
Il cuore te lo regalo,
infine me lo riprendo.

Terra spavalda ed insicura
dove ho pianto e riso.
In queste quattro mura,
ci ho scavato tra le pareti
i miei ricordi più cari.
Tra uliveti,
mari e spiagge assolate
ci lascio sempre
le mie antiche rabbie …
Ma rimango con te.

Tracce

Nel riverbero del sole
la tua ombra
si muove, incauta.
Compiaciuta di vederla,
traccio dolci
segni nell'aria...
Ti sento,
anche
se da tempo,
mi hai lasciata
ma non abbandonata…
Il respiro tuo,
ha seminato, intorno,
infinito amore.
Lo assorbo
e lo faccio diventare eterno!

Un canto

Un canto delizioso,
si è propagato,
intorno a me.
Nell'aria calda umida,
ha invaso
il mio campo visivo.
Un canto magico, armonioso,
ha aperto
i miei orizzonti,
mi ha conquistata
semplicemente, soavemente.
È il canto della natura!

Un'altra dimensione

Gli spazi infiniti
di un deserto senza fine. Le dune…
Il respiro della terra madre,
con i suoi tramonti oro.
Perso, in odori, sentori, sapori
ineguagliabili...
Oasi di sogno hai attraversato.
Caldo infuocato sulla pelle
e miriadi di enormi stelle,
ad illuminare la notte
che fredda ti assaliva.
Tuareg,
visi sconosciuti,
altre realtà, hai incontrato.
Vivevi
dove il tempo non contava.
Quella calma, onnipresente,
non toglieva niente.
Ti fortificava,
donandoti,
una dimensione più vera.
Una sera,
fumando narghilè,
sorridesti, furtivo
perché avevi capito,
il vero sapore della vita.

Verrò a cercarti

Verrò a cercarti
quando la luna crescente
apparirà nel cielo
e l'inverno con l'approssimarsi,
mi farà rabbrividire,
appena...
Nel mio andare e tornare,
verrò a cercarti
perché non ti ho scordato mai.
Mi presenterò da te
per salutarti
e sorriderti ancora.
Quando gli anni
avranno bussato alla mia porta,
mi convincerò
che non sono esistiti
e che la tua lontananza
sia stata solo una scusa
per sentirci più vicine!
Senza alibi o lamenti,
verrò a cercarti
con gioia e con pazienza,
disintegrerò le tue paure
e i tuoi dolori nascosti…
Verrò,
a cercare un abbraccio,

quello vero e sincero,
di un'amicizia,
la nostra
che ha superato il tempo!

Volare

Volare nell'infinito...
Trovare sollievo
tra le gonfie nuvole
che si addensano.
Lassù,
mi ha portato il richiamo del cuore,
l'anima che audace si stacca
dal mio involucro
e vola via libera …
Paradisi
ho sognato
girando e rigirando
nel creato.
Ho sentito
una voce soave
che mi ha parlato,
sommessamente...
Eccomi,
piccola creatura,
non domando niente,
solo acqua limpida dove dissetarmi.
E continuo a volare...
Il mio corpo è fermo e tranquillo,
nessun bisbiglìo,
sono sola…
E volo ancora ed ancora

persa in musiche e poesie
che altri non comprendono...
Ormai non distinguo
il sogno dalla realtà.
Continuo a volare,
dimentica delle cattiverie umane
che si allontanano e scompaiono,
mentre una luce meravigliosa
mi pervade.
Il risveglio è nel mio letto.
Sono ancora qui
ma quel ricordo di lassù
lo so,
non mi lascerà più...

BIOgrafia Autrice Elena Giorgini

Elena Giorgini, nata a Roma da padre toscano e madre sarda vive e lavora all'Università degli Studi di Sassari. Amante della poesia, dell'arte e della narrativa, curiosa della vita, scrive poesie dall'età di 15 anni.

Interessata alla scoperta del genere umano, si sente spiritualmente vicina, all'animo delle donne, dei bimbi e degli anziani.

La sua carriera letteraria è proseguita anche con la stesura di fiabe e racconti e ha conseguito numerosi riconoscimenti nazionali.

Sommario

IL PROGETTO ETICO DI AUREA NOX

AUREA NOX è un progetto etico collettivo nato in rete nel Maggio 2021 da un'idea di Grazia Velvet Capone che ha ideato e realizzato anche tutte le elaborazioni grafiche. Le energie creative del gruppo confluiscono nella collana-esperimento evolutivo chiamata **AVALON - Terra Sacra**: un luogo letterario dove gli autori si confrontano con un tema comune. È nata così l'idea di creare una pubblicazione ritmica, legata alla ruota dell'anno, adatta a tramandare forme-pensiero di profonda e assoluta ricerca evolutiva.
Una virtuale unione di intenti. Un Seme che diventi Quercia.

Di seguito ecco le altre collane editoriali

- BEE BOOK - SII UN LIBRO - Collana per bambini
- SEVEN DOORS - Sviluppo spirituale
- BREVIS - Saggi e Racconti brevi
- LYRA - Poesia
- HELOQUENCE - Diari, Romanzi, Manuali
- TRIBAL - Viaggi, Magia, Territori
- AUREA MAGISTRA - Percorsi storici

Per contatti, richieste e collaborazioni:

Mail aureanox@libero.it
Gruppo Facebook Aurea Nox - Scrittori – Editori

AUREA NOX

www.ingramcontent.com/pod-product-compliance
Lightning Source LLC
Chambersburg PA
CBHW021339060726
47591CB00006B/2090

* 9 7 8 1 8 0 4 3 4 8 0 8 6 *